D1737072

SÍMBOLOS PATRIÓTICOS

El Capitolio

Nancy Harris

DISCARD

CARLSBAD
CITY LIBRARY
Carlsbad, CA
92011

Heinemann Library
Chicago, Illinois

HEINEMANN-RAINTREE

TO ORDER:

☎ Phone Customer Service **888-454-2279**

💻 Visit **www.heinemannraintree.com** to browse our catalog and order online.

©2008 Heinemann-Raintree
a division of Pearson Education Limited
Chicago, Illinois

All rights reserved. No part of this publication may be reproduced or transmitted in any form or by any means, electronic or mechanical, including photocopying, recording, taping, or any information storage and retrieval system, without permission in writing from the publisher.

Editorial: Rebecca Rissman
Design: Kimberly R. Miracle
Photo Research: Tracy Cummins and Tracey Engel
Production: Duncan Gilbert

Originated by Dot Gradations
Printed and bound in China by South China Printing Co. Ltd.
Translation into Spanish by Double O Publishing Services
The paper used to print this book comes from sustainable resources.

ISBN-13: 978-1-4329-2033-3 (hc)
ISBN-10: 1-4329-2033-2 (hc)
ISBN-13: 978-1-4329-2040-1 (pb)
ISBN-10: 1-4329-2040-5 (pb)

12 11 10 09 08
10 9 8 7 6 5 4 3 2 1

LC
SP
975.3
J 975.3
HAR

Library of Congress Cataloging-in-Publication Data

Harris, Nancy, 1956-
 [Capitol Building. Spanish]
 El Capitolio / Nancy Harris.
  p. cm. -- (Símbolos patrióticos)
 "Translation into Spanish by DoubleO Publishing Services"--T.p. verso.
 Includes index.
 ISBN 978-1-4329-2033-3 (hardcover) -- ISBN 978-1-4329-2040-1 (pbk.)
 1. United States Capitol (Washington, D.C.)--Juvenile literature. 2. Washington (D.C.)--Buildings, structures, etc.--Juvenile literature. 3. Signs and symbols--United States--Juvenile literature. I. Title.
 F204.C2H2518 2008
 975.3--dc22
                                      2008040289

Acknowledgments
The author and publisher are grateful to the following for permission to reproduce copyright material: ©Age Fotostock **p. 5** top left (Maurizio Borsari); ©Alamy **p. 11** (Glow Images); ©AP **pp. 10, 14, 17, 23b** (Wide World Images); ©Corbis **pp. 8** (Reuters/Jason Reed), **12** (SABA David Butow), **16** (James P. Blair); ©Getty Images **pp. 9, 13** (Travelpix Ltd.), **15** (AFP/Tim Sloan), **20** (Travelpix Ltd.); ©Heinemann Raintree **p. 6** (Jill Birschbaum); ©Reuters **pp. 21, 23a** (Jason Reed); ©Shutterstock **pp. 4** (Jonathan Larsen), **5** bottom right (Raymond Kasprzak), **5** top right (Stephen Finn), **5** bottom left (ExaMedia Photography), **7** (Jamie Cross), **18** (Steve Maehl), **19, 23c** (Photographers Choice RF).

Cover image used with permission of ©Getty Images (Andrea Pistolesi). Back cover image used with permission of ©Shutterstock (Jonathan Larsen).

The publishers would like to thank Nancy Harris for her assistance in the preparation of this book.

Every effort has been made to contact copyright holders of any material reproduced in this book. Any omissions will be rectified in subsequent printings if notice is given to the publisher.

Disclaimer
All the Internet addresses (URLs) given in this book were valid at the time of going to press. However, due to the dynamic nature of the Internet, some addresses may have changed, or sites may have changed or ceased to exist since publication. While the author and publisher regret any inconvenience this may cause readers, no responsibility for any such changes can be accepted by either the author or the publisher.

AUGUST 2011

Contenido

¿Qué es un símbolo?

El Capitolio es un símbolo.

Un símbolo es un tipo de signo.

Un símbolo indica algo.

El Capitolio

El Capitolio es un símbolo especial.

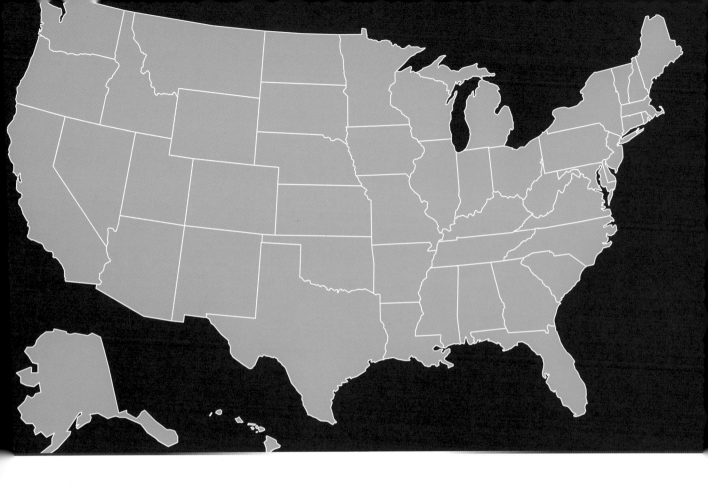

Es un símbolo de los Estados Unidos de América.
Los Estados Unidos de América son un país.

El Capitolio es un símbolo patriótico.

Indica las creencias del país.

Demuestra cómo trabajan las personas para gobernar el país.

El Congreso

El Congreso trabaja en el Capitolio.
El Congreso hace las leyes del país.

Washington, DC

El Congreso es parte del gobierno de
los Estados Unidos.
El gobierno federal dirige el país.

11

La democracia

El gobierno es democrático. Una democracia está compuesta por dirigentes elegidos para gobernar el país.

El Capitolio es un símbolo de la democracia.

Trabajar en el Capitolio

En el Congreso trabajan dos grupos de personas.
Se denominan senadores y representantes.

Los senadores y los representantes son elegidos para trabajar en el Congreso.

Las alas norte y sur

Ala norte

Ala sur

El edificio del Capitolio tiene un ala norte y un ala sur. Los senadores y los representantes trabajan en estas alas.

Los senadores y los representantes trabajan juntos para hacer las leyes.

La rotonda

El centro del edificio del Capitolio es la rotonda.
Está cubierta por una cúpula.

Sobre esta cúpula se encuentra la estatua de una mujer. La estatua es un símbolo de la libertad.

¿Qué indica?

El Capitolio te recuerda que en los Estados Unidos hay una democracia.

Los gobernantes son elegidos para gobernar
el país de manera conjunta.

Datos sobre el Capitolio

★ El Capitolio se encuentra en Washington, D.C.

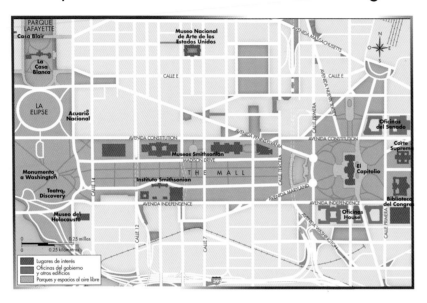

★ El Congreso ha trabajado en el Capitolio desde 1800.

Glosario ilustrado

democracia
gobierno de un país, elegido por su pueblo

gobierno
grupo de personas que dirige y gobierna un país o una región

patriótico
que cree en su patria

Índice

Nota a padres y maestros

El estudio de símbolos patrióticos presenta a los jóvenes lectores el gobierno y la historia de nuestro país. Los libros de esta serie comienzan definiendo un símbolo antes de enfocarse en la historia y el significado de un símbolo patriótico específico. La sección de datos, en la página 22, puede usarse para presentar la lectura de no ficción a los lectores.

El texto ha sido seleccionado con el consejo de un experto en lecto-escritura para asegurar que los lectores principiantes puedan leer de forma independiente o con apoyo moderado. Se consultó a un experto en estudios sociales para la primera infancia para asegurar que el contenido sea interesante y adecuado.

Usted puede apoyar las destrezas de lectura de no ficción de los niños ayudándolos a usar el contenido, los encabezados, el glosario ilustrado y el índice.